001

002

003

004

005

006

008

007

009

010

011

012

013

014

015

016

017

018

019

020

021

022

023

024

025

026

027

028

029

030

031

032

033

034

035

036

037

038

039

040

043

041

042

045

046

047

049

044

048

050

051

052

053

054

055

056

057

058

059

060

061

062

063

064

065

066

067

068

069

070

071

072

073

074

075

076

077

079

080

078

081

082

083

084

085

086

087

088

089

090

091

092

093

094

095

096

097

098

099

100

101

102

103

104

105

106

107

108

109

110

111

112

113

114

115

116

117

118

119

120

121

122

123

124

125

126

127

128

129

130

131

132

133

134

135

136

137

138

139

140

141

142

143

144

145

146

147

148

149

150

151

153

154

152

155

156

157

158

159

160

161

162

163

164

165

166

167

168

169

170

171

172

173

174

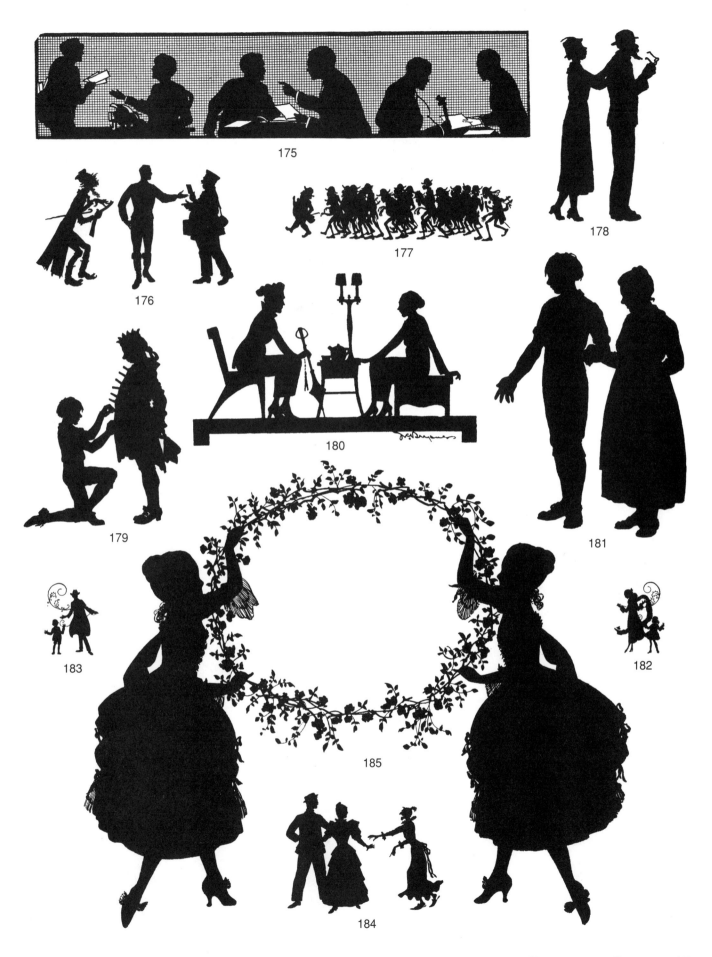

175

178

176

177

180

181

179

183

185

182

184

186

187

188

189

190

191

192

193

194

195

196

197

198

199

200

201

202

203

204

205

206

207

208

209

210

211

212

213

214

215

216

217

218

219

220

221

222

223

224

225

226

227

228

229

230

231

232

233

234

235

236

237

238

240

241

239

243

244

242

245

246

247

248

249

250

252

251

254

253

255

256

257

258

259

260

261

262

263

264

265

266

268

270

267

269

271

272

273

274

277

275

276

278

279

280

281

282

283

284

285

286

287

288

289

290

291

292

293

294

295

296

297

298

299

300

301

302

303

304

305

306

307

308

309

310

311

312

313

314

315

316

317

318

319

320

321

322

323

324

325

326

327

328

329

330

331

332

333

335

336

334

337

338

339

340

341

342

343

344

345

346

347

348

349

350

351

352

353

354

355

356

357

358

359

360

361

362

363

364

365

366

367

368

369

370

371

372

373

374

375

376

377

378

379

380

381

382

383

384

385

386

387

388

389

390

391

392

393

394

395

396

397

398

399

400

401

402

403

404

405

406

407

408

409

410

411

412

413

414

415

416

417

418

419

420

421

422

423

424

425

426

427

428

429

430

431

432

433

434

435

436

437

438

439

440

441

442

443

444

445

446

447

448

449

450

451

452

454

453

455

456

457

458

459

460

461

462

463

464

465

466

467

468

469

470

471

472

473

474

475

476

477

478

479

480

481

482

483

484

485

486

487

488

489

490

491

492

493

494

495

496

497

498

499

500

501

502

503

504

505

506

507

508

509

510
511
512
513
514
515
516
517
518
519
520
521
522
523
524
525
526
527
528
529

531

530

532

533

534

535

537

538

539

536

540

541

542

543

544

545

546

547

548

549

550

551

552

553

554

555

556

557

558

559

560

561

562

563

564

565

566

567

568

569

570

571

572

573

574

575

576

577

578

579

580

582

581

585

587

583

584

586

589

588

590

591

592

596

593

594

595

597

598

599

600

601

602

603

604

605

606

607

608

609

610

611

612

613

614

615

616

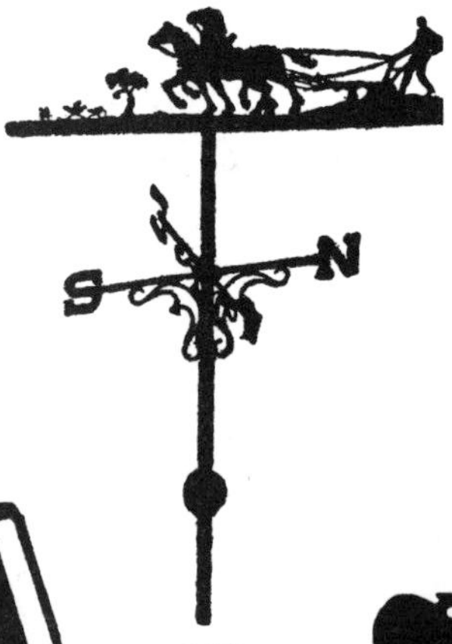

617

618

619

620

621

622

623

624

625

626

627

628

629

630

631

632

633

634

635

636

637

638

639

640

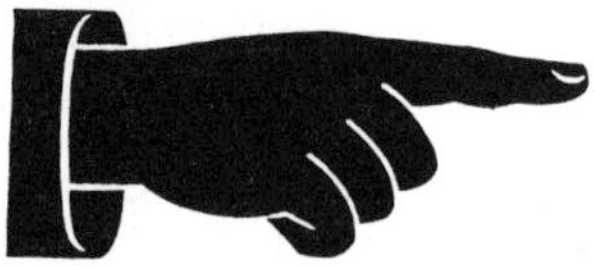

641

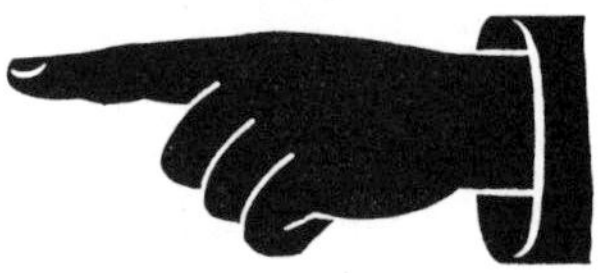

642

643

644

645

648

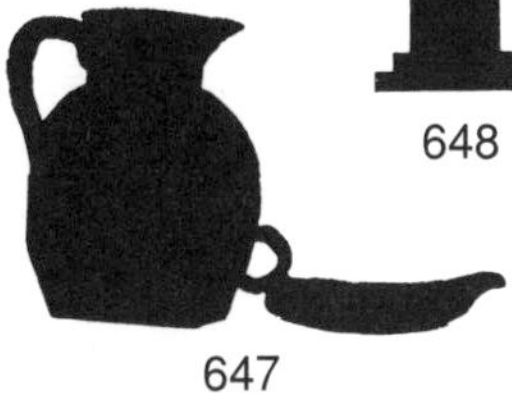

649

650

651

646

647

654

652

653

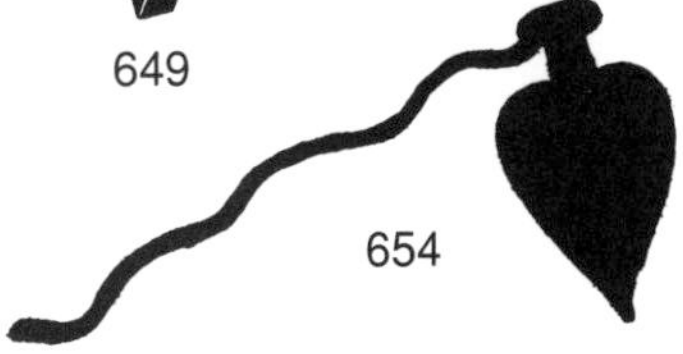

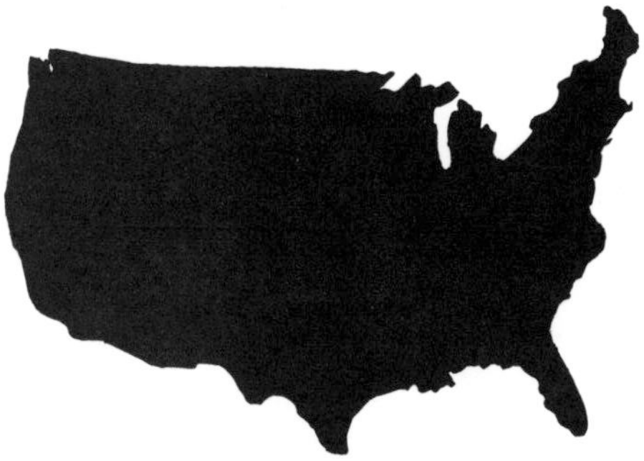

655

656

657

658

659

660

661

662

663

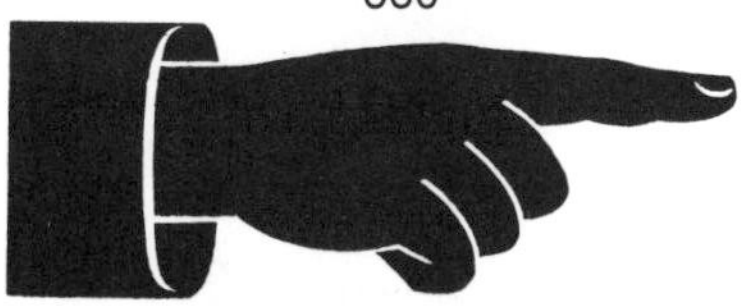

664

665

666

667

668

669

670

671

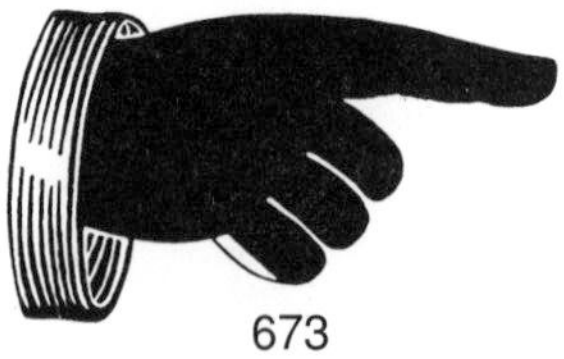

672

673

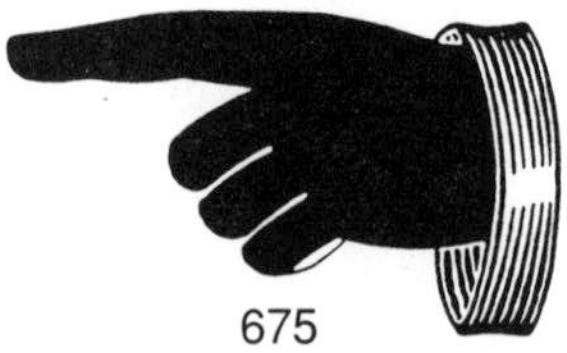

674

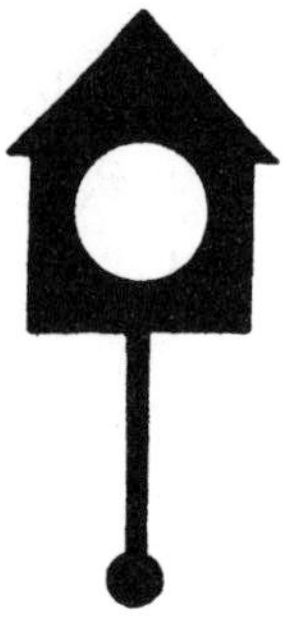

675

676

677

678

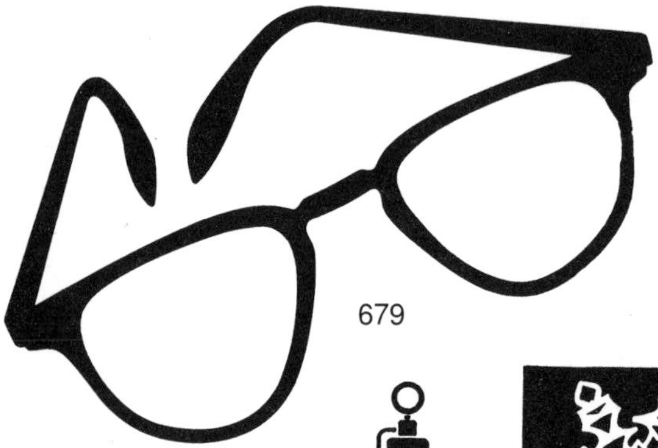

679

680

681

682

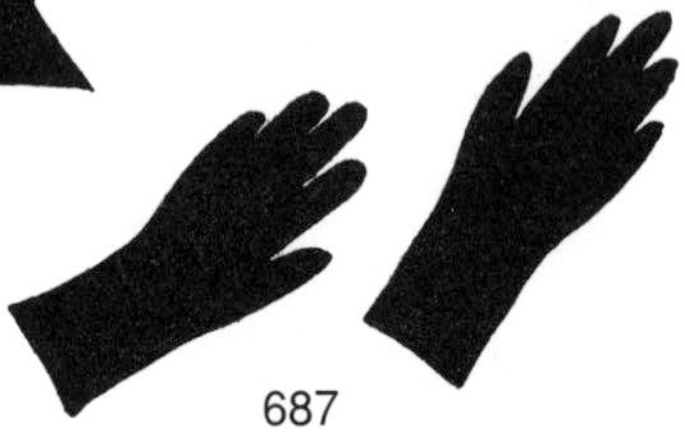

683

684

685

686

687

688

689

690